NOUVELLE ÉDITION

JEANNE D'ARC

OPÉRA EN QUATRE ACTES

ET SIX TABLEAUX

PAROLES ET MUSIQUE DE

M. A. MERMET

PARIS

TRESSE, ÉDITEUR

GALERIE DE CHARTRES, 10 ET 11

PALAIS-ROYAL

MDCCCLXXVI

Tous droits réservés

JEANNE D'ARC

OPÉRA

Représenté pour la première fois, à l'Académie nationale de
musique, le mercredi 5 avril 1876.

DIRECTION HALANZIER

Divertissements de M. L. MÉRANTE.

Décorations :

1er acte de M. CHÉRET.

2e id.   de MM. LAVASTRE et DESPLÉCHIN.

3e id.   de MM. RUBÉ et CHAPERON.

4e id.   de MM. CAMBON et CARPEZAT.

Costumes dessinés par MM. FRÉMIET et LACOSTE.

S'adresser, pour la mise en scène de l'ouvrage, à M. Georges COLLEUILLE, régisseur de la scène à l'Opéra;

Et pour les maquettes des décors et dessins des costumes, à M. DAVID fils, 9, rue Saint-Georges.

JEANNE D'ARC

OPÉRA

EN QUATRE ACTES ET SIX TABLEAUX

PAROLES ET MUSIQUE

DE

A. MERMET

PARIS

TRESSE, ÉDITEUR

GALERIE DE CHARTRES, 10 ET 11

PALAIS-ROYAL

MDCCCLXXVI

DISTRIBUTION DE LA PIÈCE

<table>
<tr><td>JEANNE D'ARC</td><td>Mmes KRAUSS.</td></tr>
<tr><td>AGNÈS SOREL</td><td>DARAM.</td></tr>
<tr><td>UN PAGE</td><td>SAUNÉ.</td></tr>
<tr><td>CHARLES VII</td><td>MM. FAURE.</td></tr>
<tr><td>GASTON DE METZ</td><td>SALOMON.</td></tr>
<tr><td>RICHARD</td><td>GAILHARD.</td></tr>
<tr><td>AMBROISE DE LORÉ</td><td>GASPARD.</td></tr>
<tr><td>MAÎTRE-JEAN, l'astrologue</td><td>CARON.</td></tr>
<tr><td>JACQUES D'ARC</td><td>MENU.</td></tr>
<tr><td>LE BAR-DE-BUC</td><td>GALLY.</td></tr>
<tr><td>UN SERGENT DE BANDE</td><td>BATAILLE.</td></tr>
<tr><td>LE CHARLATAN</td><td>AUGUEZ.</td></tr>
<tr><td>LE SORCIER</td><td>SAPIN.</td></tr>
<tr><td>LE ROI DE MAROC</td><td>GRESSE.</td></tr>
<tr><td>LE SIRE DE GAUCOURT</td><td>FRÉRET.</td></tr>
<tr><td>DEUX OFFICIERS</td><td>MONVAILLANT.
LONATI.</td></tr>
</table>

Seigneurs et Dames de la cour de Charles VII, Pairs du
royaume, Évêques, Prêtres, Capitaines et Soldats français,
Archers anglais, Ménestrels du roi René, Paysans et
Paysannes de Domremy, Laboureurs et Femmes des envi-
rons, Femmes des environs de Blois, Bohémiennes, Truands,
Femmes folles.

1429

— V —

DANSE.

DEUXIÈME ACTE.

PAGES ET DAMES NOBLES.

Sujets. Mlles Montaubry, Robert, Bay., Stoïkoff, Mollnar, Lamy, A. Parent, Ridel.

Coryphées. Mlles Biot 1re, Moïse 2e, Ménetret, Votier, Moïse 1re, Jourdain, Moris, Bourgoin 2e, Esselin, Grangé, Kahn, Hirsch, Bechade, Desvignes, Gallay, Boch, Levy, Pamélard, Elluini, Laurent, Gaudin, Testa, François, Stilb 2e, Biot 2e, Fléchelle, Méquignon 1re, Ducosson, Quemin, Vuthier, Hanin, Accolas.

TROISIÈME ACTE.

VINGT SOLDATS.

Sujets. MM. Rémond, Cornot, Friant, F. Méranté.

Ballet. MM. Leroy, Vasquez 2e, Baptiste, Perrot, Porcheron, Marius, Stilb 1er, Galland, Michaux, Meunier, Dieul, Gabiot, Élisée, Fournot, Taviot.

Le roi des truands. M. Ajas.

Huit truands. MM. Poncot, Jules, Hoquante, Guillemot, Vaudris, Diany, Vasquez 1er, Fournot 2e.

FILLES FOLLES.

Sujets. Mlle COLOMBIER.

Mlles Pallier, Sanlaville, Montaubry, Stoïkoff, Rivet, Lapy, A. Parent, Lariau, Ridel, Buisseret.

Coryphées. Mlles Biot 1re, Ménétret, Moïse 2e, Votier, Bourgoin, Kahn, Hirsch, Jourdain, Gallay, Bechade, François, Biot 2e, Fléchelle, Ducosson, Stilb 1re, Méquignon 1re.

BOHÉMIENNES.

La reine des bohémiennes. Mlle MARQUET.

Sujets. Mlle FONTA.

Mlles E. Parent, Fatou, Piron, Bay, Robert, Bussy, Mollnar, Gilbert.

Coryphées. Mlles Moïse 1re, Moris, Grangé, Esselin, Desvignes, Pamélard, Roch, Levy, Elluini, Gaudin, Testa Stilb 2e, Vuthier, Quemin, Dieudonné, Hanin.

UTILITÉS, FIGURATION.

PREMIER ACTE.

FUGITIFS.

Mme Aline.
Mmes Malgorne, Lallemand, Drège, Dérosier.

Petites filles.

Mutais, Sarcy, Guerra.
MM. Dieul, Diany, Vasquez 1er, Élisée.

Petits garçons.

Keller, Anat, Thomas, Fournot, Taviot.

DEUXIÈME ACTE.

DOUZE PAGES DU ROI.

Mlles Chislard, Grandjean, Dubois 1re, Keller, Prince 1re, Romieu, Pujol, Cartiau, Prince 2e, Dubois 2e, Méquignon 2e, Sonendal.

HUIT DAMES NOBLES.

Mmes Meurant, Michaux, Lebreton; Delagneau, Hermet, Guéroult, Duluc; Fauvain.

TROIS GUERRIERS.

MM. Guillemot, Hoquante, Gabiot.

PEUPLE.

MM. Dieul, Élisée, Porcheron, Marius, Michau, Stilb, Van
dris, Fournot, Meunier, Taviot.

Mlles Leppich 2e, Leppich 1re, Roussel, Pamelard 2e, Guil
lerme, Sacré, Martin, Subra, Vendoni, Anat, Sergy,
Tourtois, Salle, Poulain, Lambert.

Mmes Lallemand, Malgorne, Drège, Dérosier, Avenet, Blanc,
Grare, Jeanne, Marthe, Alice, Demey, Mullier.

TROISIÈME ACTE.

Petits bohémiens. Lefèvre 1er, Keller, Benoît, Lefèvre 2e,
Thomas, Legout, Anat, Morin.

Bohémiennes. Mmes Meurant, Lebreton, Guéroult, Duluc,
Hermet, Blanc, Michau, Avenet, Dela-
gneau, Alice, Fauvain, Demey.

PEUPLE.

Mlles Chislard, Granjean, Dubois, Keller, Prince 1re, Lep-
pich 2e, Romieu, Leppich 1re, Pujol, Cartlau,
Prince 2e, Dubois 2e, Roussel, Pamelard 2e, Subra,
Anat, Sonendal, Guillerme, Sacré, Martin, Méqui-
gnon 2e, Lambert, Vendoin, Sergy, Tourtois, Salle,
Poulain.

Mmes Lallemand, Drège, Malgorne, Dérosier, Grare, Marthe
Jeanne, Mullier.

DAULON, écuyer de Jeanne d'Arc..... M. Garnforin.

QUATRIÈME ACTE.

LE DUC D'ALENÇON	MM. Rémond.
LE MAITRE DES CÉRÉMONIES.................	Friant.
L'ARCHEVÊQUE DE REIMS..................	Poncot.
DAULON..............................	Gamforin.
LE GRAND PRIEUR	Barbier.
LE GRAND PRÉVÔT......................	Porcheron.

CINQ PAIRS LAIQUES.

MM. Hoquante, Guillemot, Gabiot, Dieul, Diany.

QUATRE ÉVÊQUES.

MM. Galland, Vasquez 1er, Élisée, Jules.

SIX CHANOINES.

MM. Baptiste, Perrot, Vandier, Michau, Meunier, Marius.

VINGT-QUATRE ENFANTS DE CHŒUR.

Mlles Roussel, Pamélard 2e, Guillerme, Sacré, Martin, Subra,
Vendoni, Salle, Poulain, Lambert, Anat, Paris, Mar-
chisiol 1re, Leriche, Mayer, Chabot, Deschamps,
Vignon, Marchisio 2e, Roussel 2e, Champagne, Car-
pentier, Evanoff, Franck.

DOUZE PAGES DU ROI.

Mlles Chislard, Grandjean, Dubois 1re, Keller, Prince 1re,
Romieu, Pujol, Cartiau, Prince 2e, Dubois 2e, Méqui-
gnon 2e, Sonendal.

QUATRE PAGES DE JEANNE.

Mlles Leppich 1re, Leppich 2e, Tourtois, Sergy.

HUIT DAMES NOBLES.

Mmes Meurant, Michaux, Lebreton, Delagneau, Hermet, Guéroult, Duluc, Fauvain.

PEUPLE.

Mmes Lallemand, Malgorne, Drège, Dérosier, Avenet, Blanc, Grare, Jeanne, Marthe, Alice, Demey, Mullier.

PERSONNEL DES CHOEURS.

Premiers dessus.

Mme Granier.

Mmes Mignot, Lebrun, Lasserre, Prudhomme, Lovendal, H. Bouillard, Chéri, Lafitte, Bour, Pierre, Marietti.

Seconds dessus.

Mmes Prely, Detot, Lourdin, Motteux, Parent, Klemczynski, Fourcault, Guérin, Marchant, Bernardi.

Troisièmes dessus.

Mmes Broussét, Jacquin, Guillaumot, Godard, de Bondé, A. Jaeger, Fagel, Méneray, Laboire.

Quatrièmes dessus.

Mme Christian.

Mmes Tissier, Cottignies, Gougenheim, Printemps, Delahaye, E. Jaeger, Piermarini, Ugani.

Dix enfants.

MM. Mélodia, Navan, Taymans, Serge, Deslandres, Delorme, Leclerc, Jaquet, Meunier, Bas.

Premiers ténors.

MM. Marty, Blot.
MM. Desdet, Brégère, Desdet fils, Vignol, Kerkaert, Vasseur,
Rousseau, Nagrasse, Moreau, Barrier, Gilbert, Lozier.
Mesme, Cléry, Moison, Hélin

Seconds ténors.

MM. De Sörös, Fleury.
MM. Blanc, Connesson, Granger, Imbert, Lesecq, Flajollet,
Bonnemye, Agnus, Brisson, Devisme, Menjaud,
D'Haëssler.

Premières basses.

MM. Jolivet, Lafitte.
MM. Margaillan, Lejeune, Schmidt, Legée, Castels, Pohs,
Égée, Graux, Gaby, Vallé.

Secondes basses.

MM. Thuillart, Soyer.
MM. Boussagol, Van-Hoof, Dähel, Hourdin, Jeanson, Fleury,
Soulier, Fardé, Gardel, Artero, Donnette, Compans,
Debroas, Morin.

JEANNE D'ARC

ACTE PREMIER

LA PLACE DU VILLAGE DE DOMREMY.

A droite, une fontaine ombragée par un grand chêne appelé l'Arbre
des Fées. — A gauche, la maison de la famille d'Arc. — Au fond,
l'église.

SCÈNE PREMIÈRE

(Des jeunes filles suspendent des couronnes aux branches du chêne.)

CHŒUR DE JEUNES FILLES.

Sous tes rameaux, antique chêne,
Au temps jadis, devers minuit,
Pour se baigner dans la fontaine,
Une fée accourait sans bruit.
 Arbre des Dames,
 Dévoile-nous
 Secrets des âmes,
 Pensers si doux.
 Arbre des Dames,
 Protége-nous !

Par une nuit tiède et sereine,
Un chevalier, d'amour féru,
Surprit la fée à la fontaine,
Et nul, depuis, ne l'a revu.
            Arbre des Dames,
            Dévoile-nous
            Secrets des âmes,
            Pensers si doux.
            Arbre des Dames,
            Protége-nous !

SCÈNE II

LES MÊMES, JACQUES D'ARC et JEANNE sa fille, puis
des PAYSANS, précédant GASTON DE METZ, et une petite
TROUPE DE SOLDATS.

JACQUES aux jeunes filles.

A vos accents joyeux mon âme se révolte ;
La guerre qui nous tue, engraisse les bandits ;
Le paysan laboure et l'ennemi récolte.
Au loin, les champs sont couverts de débris.

CHŒUR DES PAYSANS, accourant.

Voici des Français, des amis.

CHŒUR DE SOLDATS.

Reposons-nous, mon capitaine,
Le pays est à notre gré.
Ombrage frais, claire fontaine,
Et belles filles sur le pré.

GASTON, aux paysans.

Nous allons rejoindre l'armée
Qui tient pour le gentil Dauphin,
Et réclamons, sous la ramée,
L'hospitalité du chemin.

CHŒUR DE JEUNES FILLES.

N'avez-vous pas, beau capitaine,
Pour gens avides d'écouter,
Quelque nouvelle de Touraine
Ou d'Orléans à nous conter ?

GASTON.

AIR.

La France touche à sa ruine ;
Partout on pille, on brûle, on assassine.
Provinces et cités, la capitale, enfin,
Sont aux Anglais. Bourges reste au Dauphin.
Le dernier rempart de la France,
Et notre dernière espérance,
Orléans, va tomber aux mains des ennemis.
Le ciel t'a condamné, mon malheureux pays !...
Le Dauphin, dès l'enfance, éloigné de la reine,
D'Isabeau ne connaît que la honte et la haine.
Épouse du roi fou, tu signas le traité
Qui privait de ses droits ton fils déshérité.
Par toi, mère dénaturée,
Par toi, la France à l'Anglais fut livrée.
Que ton nom soit maudit au delà du tombeau
Anathème éternel sur la reine Isabeau !

CHŒUR.

Que ton nom soit maudit au-delà du tombeau !
Anathème éternel sur la reine Isabeau !

GASTON.

Fuyant les cités, les villages,
Femmes, enfants, prêtres, vieillards,
Traqués comme bêtes sauvages,
Sur les chemins tombent épars;
Et tous ces corps, sans sépulture,
Dans les champs semés par lambeaux,
Seront la sanglante pâture
Des loups, des vautours, des corbeaux.

CHŒUR.

Temps d'opprobre, temps de misère,
Satan fait la loi sur la terre!

GASTON et LE CHŒUR.

Que ton nom soit maudit au delà du tombeau!
Anathème éternel sur la reine Isabeau!

(On entend au loin le tocsin; on voit à l'horizon le rouge sombre de
l'incendie.)

JACQUES.

La flamme! le tocsin! Quel sinistre présage!

CHŒUR.

Quel bruit confus se rapproche de nous?

SCÈNE III

LES MÊMES, QUELQUES LABOUREURS, accompagnés de femmes,
entrent en désordre.

JACQUES.

Les brigands! les brigands! le meurtre! le pillage

LES FEMMES, fugitives.

On massacre nos fils, nos frères, nos époux !

LES LABOUREURS et LES FEMMES.

Donnez-nous un asile, ou nous périssons tous !

CHŒUR GÉNÉRAL.

O comble de misère !
Dieu, notre père,
La France va périr !

(Jeanne, qui a suivi ces scènes de désolation en cherchant à comprimer son émotion, s'élance tout à coup, le visage inspiré.)

JEANNE.

France, sèche les pleurs : Dieu veut te secourir !
Salisbury frappé sur les bords de la Loire...

GASTON.

Le capitaine anglais !

JEANNE.

Lui-même ! Et son trépas
Nous est un gage de victoire.
La France ne périra pas !

BALLADE.

I.

O mon pays, dans un temps de souffrance,
Héna, jadis, pour toi voulut mourir.
C'était pitié du royaume de France,
Et Dieu, lui seul, pouvait le secourir.

Alors, Héna, la martyre bretonne,
Baignant sa harpe au torrent de ses pleurs,
Sur le bûcher que la flamme environne,
Criait : Jésus, rends mes frères vainqueurs !
   Advienne heureuse ou male chance ;
   Ce qui doit être un jour sera.
   Une femme a perdu la France ;
   Une vierge la sauvera.

II.

Oh ! que de sang ! comme un brouillard il monte,
Il monte au ciel, gros d'orage et d'éclairs.
Assez, pour nous, et d'opprobre et de honte !...
Qui donc peut mettre un terme à nos revers ?
Sur un cheval aussi blanc que la neige,
C'est une vierge à qui Dieu, pour secours,
Des séraphins prêta le saint cortége,
Et qui bataille et bataille toujours.
   Advienne heureuse ou male chance ;
   Ce qui doit être un jour sera.
   Une femme a perdu la France ;
   Une vierge la sauvera.

CHŒUR.

   Une femme a perdu la France ;
   Une vierge la sauvera.

SCÈNE IV

Les mêmes, RICHARD, un Homme d'armes de sa suite,
ils entrent l'épée à la main. — Peu à peu, la nuit tombe.

RICHARD.

Pays maudit ! folle équipée !
Grâce à toi, ma solide épée,

Grâce à toi, j'échappe aux bandits,
Pour morts en laissant huit ou dix.
Portant le haubert et la maille,
Tant en hiver comme en été,
Frappant toujours d'estoc, de taille,
Nul, jamais, ne m'a surmonté.

Pays maudit, folle équipée !
Grâce à toi, ma solide épée,
Grâce à toi, j'échappe aux bandits,
Pour morts en laissant huit ou dix.

(S'adressant à Gaston.)

Mais, dites-moi, suis-je bien sur ma route ?
Je vais à Vaucouleurs, par ordre du Dauphin.

GASTON.

C'est bien votre chemin.

JACQUES, à Richard.

Et, là-bas, rien de bon, sans doute ?

RICHARD.

Plus d'hommes, plus d'argent, la guerre est à sa fin
Et, pour terminer la querelle,
A Bourgogne on rend Orléans.

JEANNE.

Prendre Orléans !
Cela ne sera pas ! tu mens !

JACQUES.

Jeanne !

RICHARD.

Qui parle ainsi ?

JACQUES.

Seigneur, pardon pour elle...
C'est une enfant.

(Jeanne et Richard se regardent fixement. Richard finit par baisser
les yeux.

GASTON, à Richard.

Vous parlez d'Orléans...
Un malheur n'a-t-il pas frappé les assaillants ?

RICHARD.

Seul, ici, j'en sais la nouvelle.

GASTON.

Salisbury n'est-il pas mort ?

RICHARD.

Qui donc du capitaine a pu dire le sort ?

GASTON.

Cette enfant...

RICHARD.

Elle est donc sorcière !
Et sait-elle comment tomba Salisbury ?

JEANNE, comme inspirée.

Attendez !... sur le fort... près d'une meurtrière,
Je le vois... Tout à coup, frappé par une pierre,
Il tombe... Un homme est là, tout près de lui.
Barbe épaisse, air mauvais et de sinistre mine...
Du sang qui réjaillit, sa brune capeline
Est inondée... elle est rouge aujourd'hui.

JACQUES.

Mon enfant devient folle, ou que Dieu me confonde !

RICHARD, à part.

Je tremble ! La sueur m'inonde...
Et je sens sur mon front se dresser mes cheveux.

CHŒUR.

Prodige merveilleux !

QUATUOR avec CHŒUR.

JEANNE, à part.

La mort dans l'âme,
Froissant sa lame,
Par Notre-Dame !
Il a grand'peur.
Sombre mystère !
De notre terre
Vois la misère,
Divin Sauveur

RICHARD, à part.

Son œil de flamme
Glace mon âme.
Démon ou femme,
De toi j'ai peur.
Sombre mystère !
C'est toi, sorcière,
Qui la première,
Troublas mon cœur.

GASTON, JACQUES et LE CHŒUR.

Propos de femme
Trouble son âme.

Par Notre-Dame !
Il a grand'peur.
Sombre mystère !
De notre terre
Vois la misère,
Divin sauveur !

(Les paysans de Domrémy emmènent les fugitifs dans leurs maisons.
Richard et l'archer sortent. Jacques d'Arc emmène Jeanne. Gaston la
regarde s'éloigner et donne des ordres à ses soldats qui se retirent.)

SCÈNE V

GASTON, puis JEANNE.

GASTON, seul.

Que cette jeune fille est belle !
Quand elle m'écoutait, j'ai vu couler ses pleurs.
Les yeux fixés sur moi, tout à l'heure...

(Il voit Jeanne rentrer et venir à lui.)

C'est elle !

JEANNE.

Chez Beaudricourt, à Vaucouleurs,
Vous vous rendez, messire ?

GASTON.

A l'instant.

JEANNE.

J'ai besoin de le voir, de lui dire
Que devers le Dauphin
Il me fasse conduire.

GASTON.

Quel est votre dessein ?

JEANNE.

Accomplir, par le ciel, l'œuvre de délivrance ?
La pâtoure du bois chenu
Qui doit sauver la France...

GASTON.

Eh bien, donc ?

JEANNE.

C'est moi-même et le temps est venu.

GASTON.

Vous, Jeanne ?

JEANNE.

Un jour d'été, sous l'ombre de l'église,
Dans le jardin, seule, j'étais assise
Et n'entendais, en tournant mon fuseau,
Que l'angelus et le chant de l'oiseau.
Quand de mille clartés le jardin s'illumine ;
Puis sainte Marguerite et sainte Catherine,
Et l'archange Michel, une épée à la main,
M'apparaissent, suivis d'un cortége sans fin.
Va, me disaient les célestes phalanges,
Va secourir le Dauphin malheureux !...
Moi, je pleurais et je priais les anges
De m'emporter dans le ciel avec eux,

GASTON.

Enfant, ton espoir est chimère ;
Le glaive est trop lourd pour ton bras ;
Les forts ont mordu la poussière :
Crois-tu faire mieux aux combats ?

JEANNE.

Quand devrais-je user, sur la route,
Mes jambes jusques aux genoux,

Je vous sauverai, n'ayez doute ,
Car Dieu m'a choisie entre tous.

GASTON.

Bien rude sera l'entreprise :
Pour éviter pillards, bandits,
Par l'immense contrée errer toutes les nuits...

JEANNE.

Dieu guida les Hébreux vers la terre promise ;
Dieu me fera ma route... il le veut ! j'obéis.

GASTON.

Je ne résiste plus !...

(A part.)

Un souvenir d'enfance
Devait m'éloigner de la cour ;
Mais pour l'ingrate Agnès mon cœur n'a plus d'amour
Et, dès ce jour.
Peut braver sa présence.

JEANNE.

Que dites-vous?

GASTON.

Compte sur moi.
Sous la garde de Dieu, je te conduis au roi.
Chez Beaudricourt, demain, dans sa demeure,
A la sixième heure,
Je t'attendrai.

JEANNE.

J'y serai !
Dans ce périlleux voyage,
Dieu soutiendra mon courage.

GASTON.

A Vaucouleurs je t'attendrai.
       C'est dit; j'y serai.

(Gaston sort.)

SCÈNE VI

JEANNE, seule.

L'engagement est pris... je ne puis me dédire...
Au moment solennel, je sens faiblir mon cœur.
Ce rêve audacieux auquel mon âme aspire
Se dresse menaçant !.. Prête à partir... j'ai peur !

AIR.

Vallon, ruisseau, sombre feuillage,
Église où j'aime à prier Dieu,
Mes prés fleuris, ô mon village,
Non, je ne puis vous dire adieu.

Je ne suis qu'une pauvre fille,
Je ne puis voir le sang couler ;
Contre rempart, fort ou bastille,
Trop faible suis-je pour aller.

Vallon, ruisseau, sombre feuillage,
Église où j'aime à prier Dieu,
Mes prés fleuris, ô mon village,
Non, je ne puis vous dire adieu.

CHŒUR DES ANGES, invisibles.

Jeanne ! Jeanne, sauve la France !
Du réveil le jour est venu ;
Le ciel va prêter assistance
A la vierge du bois chenu.

JEANNE.

O Catherine, ô Marguerite,
Et toi, bienheureux saint Michel,
Si, contre moi, mon Dieu s'irrite,
Pour Jeanne intercédez au ciel.

CHŒUR DES ANGES.

Jeanne! Jeanne, sauve la France!
Du réveil le jour est venu;
Le ciel va prêter assistance
A la vierge du bois chenu.

JEANNE, très-exaltée et comme voulant fuir une vision.

Du sang! la flamme et le carnage!
Écartez de moi cette image!
O ma mère, ouvre-moi tes bras;
Non! non, je ne partirai pas.

(On entend sonner l'angelus.)

L'angelus! l'angelus!... la cloche... doux langage...
Voix du foyer, voix du village,
Près des êtres aimés tu veux me retenir...
Si je pars, je le sens, c'est la mort, le supplice...
Voix que j'aime, voix protectrice,
Du danger tu viens m'avertir.

CHŒUR DES ANGES.

Jeanne! Jeanne, sauve la France!
Du réveil le jour est venu;
Le ciel va prêter assistance
A la vierge du bois chenu.

JEANNE.

Pressentiment fatal! ma mère!... pauvre France!

CHŒUR DES ANGES.

Jeanne! Jeanne, sauve la France !

JEANNE.

Je n'ai plus force ni valeur.

CHŒUR DES ANGES.

Le sang coule à torrents... le temps presse !...

JEANNE.

O douleur !
Oui, la pitié... mon cœur, la voix du ciel l'ordonne !
Partir est un devoir sacré !
Oui, la pitié m'entraîne ; ô ma mère pardonne !...

CHŒUR DES ANGES.

Va ! Dieu le veut !

JEANNE.

Eh bien !... j'irai !

FIN DU PREMIER ACTE.

ACTE DEUXIÈME

LE PARC DU CHATEAU DE CHINON, RÉSIDENCE DE CHARLES VII.

A droite, sous de grands arbres, le trône du Roi. — Au fond,
grande terrasse praticable, avec un large perron de quatre marches descendant dans le parc, et un escalier montant au château,
dont on aperçoit, à gauche, le profil flanqué de tours. — Dans la
plaine, au delà de la terrasse, coule la Vienne, au milieu de
coteaux boisés, dorés par le soleil. — A gauche, sous les ombra-
ges, une table et deux fauteuils. Sur la table, aiguières, coupes,
corbeilles de fleurs et de fruits.

SCÈNE PREMIÈRE

RICHARD est introduit par des pages qui se retirent.

RICHARD, seul.

Caché dans son palais, le roi n'est plus qu'une ombre
Et son trône s'écroule au milieu des affronts.
Ici, chacun pour soi !... Quand le navire sombre,
    Pour se sauver tous les moyens sont bons.

AIR.

Pays gorgé de sang, ton aspect m'importune ;
On transforme en enfer ton riant paradis :
Allons chercher ailleurs la gloire et la fortune,
    Et laissons la France aux maudits.

J'aurais livré mon âme au diable ;
Satan de moi n'a pas voulu.
Dame Isabeau se montra plus traitable,
Avec l'Anglais ce fut marché conclu.
Le roi n'a plus ni sou ni maille ;
Dans les bombances de la cour,
Le merle a remplacé la caille :
Belle France, adieu sans retour.
Pays gorgé de sang, ton aspect m'importune ;
On transforme en enfer ton riant paradis :
Allons chercher ailleurs la gloire et la fortune,
Et laissons la France aux maudits.

(Agnès et le roi paraissent sur la droite de la terrasse, Agnès appuyée sur
l'épaule de Charles VII.

RICHARD, se retirant derrière un groupe d'arbres, dit, à part.

Avec la belle Agnès, le roi Charles s'avance...
Un bandeau sur les yeux, quand il marche au trépas,
De son rêve d'amour ne le réveillons pas...
Plus gaîment peut-on perdre un royaume de France !

(Richard sort. — Le roi et Agnès descendent lentement de la terrasse.)

SCÈNE II

LE ROI, AGNÈS.

CAVATINE ET DUO.

LE ROI.

Agnès, fuyons les feux du jour ;

AGNÈS.

Suis-moi.

LE ROI.

Ces bois charmants semblent chanter l'amour
Aimer, être aimé, délices suprêmes !
Aimer, c'est le bonheur des cieux.
Qu'importe la gloire, Agnès, si tu m'aimes ;
Quel royaume vaut tes beaux yeux ?
Au bord de l'onde murmurante,
Sous l'aubépine aux rameaux blancs,
Respirons l'haleine enivrante
Que nous apporte le printemps.

AGNÈS.

Des rossignols l'hymne enflammée
S'élève des bosquets de fleurs :

LE ROI.

A leurs concerts, ma bien-aimée,
Mêlons les concerts de nos cœurs.
Aimer, être aimé ; délices suprêmes !
Aimer c'est le bonheur des cieux.
Qu'importe la gloire, Agnès, si tu m'aimes ;
Quel royaume vaut tes beaux yeux ?

AGNÈS.

Gentil roi, parlez-moi de la grande nouvelle :
Une fille des champs vient, dit-on, nous sauver...

LE ROI.

A ses troupeaux que ne retourne-t-elle ?
Plus de combats, non, non, la guerre est trop cruelle !
Quel plus grand bien puis-je rêver,
Si le cœur d'Agnès m'est fidèle ?

AGNÈS.

Et si l'Anglais prend Orléans,
Que vous restera-t-il céans ?

LE ROI.

Toi, ma belle !
Mon royaume c'est ta beauté.

AGNÈS.

Ah! n'abandonnons pas ce pays enchanté !
Laisse la main de ta servante
Placer, sur ton front adoré,
Le heaume à la plume ondoyante ;
Ainsi, combien je t'aimerai !

LE ROI.

Partir !... Non, non, ce mot funeste,
Ta bouche l'a dit à ton roi ;
Mais tes doux yeux me disent : reste !
Et c'est en tes yeux que j'ai foi.

AGNÈS.

Tu reviendras près d'une amante,
Le front couronné de laurier,
Et sur mon cœur, brûlant d'attente,
Je presserai mon chevalier.

LE ROI.

Partir !... Non, non, ce mot funeste,
Ta bouche l'a dit à ton roi ;
Mais tes doux yeux me disent : reste !
Et c'est en tes yeux que j'ai foi.

ENSEMBLE.

Aimer, être aimé, délices suprêmes !
Dans les bosquets silencieux,

Mon roi, ⎱ mes amours, dis-moi que tu m'aimes.
Agnès, ⎰
Oublions la terre et les cieux !

(On entend au loin une fanfare de chasse qui vient tirer le roi et
Agnès de leur rêverie.)

2.

LE ROI.

C'est la chasse
Qui passe...
Viens mon Agnès, dans les halliers,
Voir courir mes grands lévriers !

AGNÈS.

Laisse la chasse
Qui passe !
Au lieu des cors aux joyeux sons,
Fais retentir les fiers clairons.

SCÈNE III

LES MÊMES, RICHARD, puis MAITRE-JEAN l'astrologue.

LE ROI.

Voici Richard !

RICHARD. (Saluant le roi.)

Du roi j'ai rempli le message,
Courant, battant pillards, ribleurs,
Après un périlleux voyage,
J'amène Jeanne d'Arc des champs de Vaucouleurs

LE ROI.

Eh bien, Richard, la fille étrange,
Est-elle un diable, est-elle un ange?

RICHARD.

Qu'on la pare du plus beau nom,
Pour moi, c'est l'œuvre du démon.
En route, bravant tout, sans nul soin de la vie,
On l'eût dite au pouvoir de quelque noir génie.
Ses guides effrayés la suivaient à regret.

Par une sombre nuit, ils allaient s'en défaire
En la précipitant dans une fondrière,
Quand vint Gaston de Metz déjouer leur projet.

AGNÈS, à part.

Gaston !...

RICHARD, poursuivant.

Jeanne est, pour lui, le sauveur de la France.
Parmi nos compagnons, sur le sol trempé d'eau,
Quand elle reposait, la nuit, dans son manteau,
Gaston veillait...

AGNÈS, à part.

Gaston ! l'ami de mon enfance;
Quel but l'amène ici?...

RICHARD.

Dans les murs de Chinon
Nous voici, grâce au ciel ! Et si le roi...

(Maître-Jean l'astrologue s'avance tenant ouvert le livre des prédictions
de Merlin qu'il lit attentivement.)

LE ROI, répondant à Richard.

Non, non !
A demain les tracas et que cette journée,
Tout entière, à l'amour, aux plaisirs soit donnée !

MAITRE-JEAN.

Or écoutez ce qu'a prédit Merlin :
(Posant le doigt sur un passage du livre).
« Une vierge, venant de la forêt chenue,
« Sauvera la France perdue. »
Sire, et vous dites : à demain.

(Richard sort).

SCÈNE IV

LE ROI, AGNÈS, MAITRE JEAN, LE SIRE DE GAUCOURT et QUELQUES COURTISANS arrivent par la terrasse, puis UN PAGE.

LE ROI.

De mon Agnès, messieurs, c'est aujourd'hui la fête.
Mes pages, pour orner sa tête,
Ont saccagé les trésors des jardins;
Et nous, de leur prison délivrons les vieux vins!

COUPLETS.

I.

Au cœur ne tient la peine
Quand le vin coule à flots.
Au fond de jarre pleine
Ne sont pleurs ni sanglots

(Il prend dans une corbeille une fleur qu'il offre à Agnès.)

Prends cette fleur nouvelle,
Toi qui m'a pris mon cœur;
Nous boirons à ma belle,
Plus belle que la fleur.

(Il prend sur la table une coupe que remplit un page.)

II.

Le Chypre est une flamme,
Un rayon du soleil
Qui réjouit notre âme
Par son reflet vermeil.

(S'adressant à Agnès.)

Garde la fleur nouvelle,
Et garde aussi mon cœur ;
Je veux boire à ma belle
Plus belle que la fleur.

(Il vide la coupe.)

UN PAGE, entrant

Des bourgeois d'Orléans, pour importante affaire,
Sire, attendent l'honneur d'un moment d'entretien.

LE ROI.

Contre moi tout conspire ; à demain la bergère !
A demain les bourgeois ! à demain ! à demain !

LE PAGE.

Au nom du roi René demandent audience
Les joyeux ménestrels qui charment ses loisirs.

LE ROI.

Qu'ils soient les bienvenus, et qu'ici leur présence
Donne le signal des plaisirs !

SCÈNE V

LES MÊMES, SEIGNEURS, DAMES, ÉCUYERS, arrivent
pour la fête. Le roi s'assied sur le trône, Agnès prend place sur un
siége placé plus bas. Les ménestrels s'avancent, la harpe à la main,
et se rangent devant le roi. Richard entre parmi la foule,

CHŒUR DES MÉNESTRELS.

Gais ménestrels, aux accords de la lyre,
Chantons louange à toi gentil Dauphin.
Le roi René, par nos voix, vient te dire
De prendre espoir dans le secours divin.

A peu de temps, en songe ou rêverie,
Il vit venir, chevauchant dans le ciel,

Grands escadrons, en grand chevalerie,
Guidés vers toi par l'archange Michel.

Gais ménestrels, aux accords de la lyre,
Chantons louange à toi gentil Dauphin.
Le roi René, par nos voix, vient te dire
De prendre espoir dans le secours divin.

AGNÈS, aux ménestrels.

AIR.

Vous qui, dans ces jours de souffrance,
Portez la joie et l'espérance,
Dieu vous garde, heureux ménestrels !
Par vos refrains d'amour, au pied de nos tourelles,
Vous éveillez le cœur des nobles jouvencelles ;
Vous chantez les exploits dans vos vers immortels
Dieu vous garde, heureux ménestrels !

Loin de vous, souvent, je répète.
Le chant des filles du hameau,
Dansant, au son de la musette,
Sur les pelouses du château.

CHANT DU LUTIN.

La nuit, dans la bruyère,
Qu'habite le lutin,
Souvent, gente bergère,
Vient d'un pas incertain,
Sur la pelouse verte,
Alors, sans y penser,
Elle court, vive, alerte,
Et se met à danser.
Bientôt, une compagne,
Puis une autre, puis deux,
Descendent la montagne,
Et commencent leurs jeux.

Et l'on dit
Que, la nuit,
Un esprit
Fait ce bruit;
Qu'au matin,
Le malin
Fuit soudain!...
La nuit, la châtelaine,
Quittant le vieux manoir,
Près d'un beau capitaine,
Sur l'herbe vient s'asseoir.
Et l'on dit
Que, la nuit,
Un esprit
Fait ce bruit;
Qu'au matin,
Le lutin
Fuit soudain,
Et puis, rien;
Plus rien;
Rien;

CHŒURS RÉUNIS.

Gais ménestrels, aux accords de la lyre,
Chantons }
Chantent } louange à toi gentil Dauphin.
Le roi René par { nos } voix vient te dire
                  { leurs }
De prendre espoir dans le secours divin.

DIVERTISSEMENT

SCÈNE VI

LES MÊMES, LE BAR-DE-BUC, puis AMBROISE DE LORÉ et GASTON DE METZ.

LE BAR-DE-BUC, blessé, il s'avance l'épée nue à travers les groupes de danseuses et cause un effroi général.

Sire, au pied de tes murs sont les preux d'Angleterre
A tes joyeux concerts répond un cri d'effroi.
Je suis le Bar-de-Buc, vingt ans j'ai fait la guerre
Et je suis prêt à mourir pour mon roi.

(Il tombe dans les bras de ses compagnons qui l'entraînent.)

LE ROI, allant vers lui.

Héroïque trépas !

CHŒUR.

Coup terrible ! ô détresse !

LE ROI.

Tous les malheurs fondent sur moi !

(Gaston de Metz et Ambroise de Loré entrent précipitamment.)

GASTON.

Les temps sont révolus et Dieu tient sa promesse.

LORÉ.

Le ciel pour nous a combattu.

LE ROI.

Loré, que me dis-tu ?

GASTON et LORÉ.

Du fond de la forêt chenue,
Apportant le secours divin,
Vers nous une vierge est venue,
Et la victoire est dans sa main.
O roi, la vaillante guerrière,
A relevé ton étendard ;
Chassant l'Anglais, sur la bruyère,
Comme le vent chasse un brouillard.

LE ROI.

Une enfant nous sauver ?

GASTON.

Le ciel l'inspire!...

AGNÈS, à part.

Il l'aime.

LE ROI, à Gaston.

Pour parler d'elle ainsi, qui donc es-tu toi-même ?

AGNÈS, s'avançant entre Gaston et le roi,

Au roi je répondrai pour le sire de Metz.
Que chez le duc d'Anjou j'ai pu voir...

LE ROI.

Vous, Agnès ?

CHŒUR, au dehors.

Saluons ! saluons l'ange sauveur qui passe.

LE ROI.

Écoutez ! Elle vient... Loré, prenez ma place,
Et nous verrons si Dieu l'éclaire de sa grâce.

3

LORÉ.

Quoi, sire ?

LE ROI.

Obéissez au roi.

(Loré s'assied sur le trône. Le roi se tient debout au milieu d'un groupe
de seigneurs.)

SCÈNE VII

LES MÊMES, JEANNE précédée d'un groupe de guerriers, de
magistrats et de gens du peuple.

Au milieu d'un silence profond et solennel, Jeanne s'avance avec une
noble assurance, parcourt des yeux ceux qui l'entourent, et va vers le
trône où Loré est assis.

JEANNE.

Tu tentes Dieu, Loré, la place n'est point tienne.
A plus grand que toi,
Dieu m'amène.

(Elle marche d'un pas assuré vers le roi, et fléchit le genou devant lui.
Tous la regardent avec étonnement. Loré descend du trône. Jeanne
poursuit :)

Noble seigneur Dauphin, Dieu veut te secourir.
Par son ordre, je viens pour recouvrer la France.
Orléans me devra, de bref, sa délivrance,
Et les portes du sacre à ma voix vont s'ouvrir.

LE ROI.

Sous le poids du revers, au succès puis-je croire ?
Mais comment, entre tous, m'as-tu donc reconnu ?

JEANNE, *mystérieusement*.

Quand Dieu seul vous voyait, un soir, je vous ai vu.
    Monseigneur, avez-vous mémoire,
Qu'à la Toussaint dernière et dans votre oratoire,
Requête fut par vous adressée au Seigneur?

LE ROI, *avec étonnement*

    Rien n'est plus vrai, sur mon honneur!

JEANNE.

    Et ce secret, l'avez-vous gardé, sire,
Sans à personne au monde, oncques le révéler?

LE ROI.

Dieu seul le sait.

JEANNE, *prenant le roi à part*.

      Eh bien! moi, je vais vous le dire :
« Seigneur, » avez-vous dit, « trop de sang doit
                    [couler ;
« Si France n'est pour moi légitime héritage,
« De poursuivre la guerre, ôtez-moi le courage. »

LE ROI, *avec un enthousiasme croissant*.

Prodige surhumain! Être mystérieux,
Dieu t'inspire et t'éclaire ; il se montre à mes yeux!
    Salut, vierge libératrice!
    La main de Dieu conduit ton bras ;
    Sous ta bannière protectrice,
    Viens nous guider dans les combats.
    Pour sauver la France perdue,
    Quand des preux la valeur s'endort,
    As-tu dérobé, dans la nue,
    A l'Archange son glaive d'or?

CHŒUR.

As-tu dérobé, dans la nue,
A l'Archange son glaive d'or?

JEANNE.

Pour sauver la France perdue,
Dieu mit le glaive dans ma main.

ENSEMBLE :

LE ROI, AGNÈS, GASTON, LORÉ, MAITRE-JEAN et LE CHŒUR.

Du fond de la forêt chenue,
Apportant le secours divin,
Vers nous une vierge est venue
Et la victoire est dans sa main.
Au fort du combat la guerrière
A relevé notre étendard;
Chassant l'Anglais sur la bruyère,
Comme le vent chasse un brouillard.

JEANNE.

Du fond de la forêt chenue,
Apportant le secours divin,
Pour vous sauver je suis venue,
Et Dieu m'a montré le chemin.
Par son pouvoir, humble bergère,
J'ai relevé notre étendard;
Chassant l'Anglais sur la bruyère,
Comme le vent chasse un brouillard.

RICHARD et GAUCOURT, à part.

Du fond de la forêt chenue,
A l'appel de l'esprit malin,
Cette mécréante est venue
Fausser l'oracle de Merlin.

Et Satan guidant la sorcière,
Elle a saisi notre étendard ;
Chassant l'Anglais sur la bruyère,
Comme le vent chasse un brouillard.

FIN DU DEUXIÈME ACTE.

ACTE TROISIÈME

Premier tableau.

Site à l'aspect sauvage. — Rochers, grands bois, taillis. — A droite, la tente de Jeanne, posée diagonalement. — A gauche de la tente et sous un gros arbre, un banc. — Au fond, ruines d'un château fort. — Plus loin, par une échappée, on aperçoit les premières tentes du camp des Français sous Blois. — Clair de lune, étoiles, nuages traversant le ciel.

SCÈNE PREMIÈRE

AGNÈS, MAITRE-JEAN, puis RICHARD.

TRIO.

MAITRE-JEAN, précédant Agnès.

Nous approchons du camp... Voici les murs de Blois.

AGNÈS, à part.

Que me veut-on ?... Mon cœur est rempli d'épouvante.

MAITRE-JEAN.

De Jeanne d'Arc voici la tente,
Au carrefour du bois.

AGNÈS.

C'est bien ici que l'on m'a dit d'attendre.
« Si tu veux sauver Charle, Agnès, il faut te rendre,
A la nuit close au carrefour du bois. »

MAITRE-JEAN, regardant le ciel.

Du ciel lorsque Diane a déchiré les voiles,
Pour dire leurs secrets se montrent les étoiles.

AGNÈS.

Interroge-les, maître, et, grâce à ton savoir,
Puisses-tu lire au ciel, qu'il nous reste un espoir !

(Maitre-Jean sort.)

INVOCATION.

Astres purs qui veillez, dans la nuit, en silence,
Faites luire à nos yeux un rayon d'espérance !
Pour nous faire oublier le sort qui nous poursuit,
Montrez-nous la victoire aux clartés de la nuit.
Livrez-nous vos secrets, écartez le nuage
        Qui nous voile vos feux tremblants.
    Aux deux pôles des cieux annoncez le présage,
        Astres étincelants !

RICHARD entrant.

Dame Agnès !...

AGNÈS.

Qui m'appelle?

RICHARD.

C'est moi, Richard...

AGNÈS, avec surprise.

Richard !... Que voulez-vous de moi ?

RICHARD.

Je viens, en serviteur fidèle,
Vous dire : il faut sauver le roi.

AGNÈS.

Sauver le roi? pour lui je donnerais ma vie ;
Mais que puis-je, ô mon Dieu, pour le salut du roi?

RICHARD.

Perdre Jeanne son ennemie,
Ou c'est Jeanne qui le perdra.

AGNÈS.

Jeanne !

RICHARD.

Satan l'inspire ! elle est ribaude, impure...

AGNÈS.

De l'Anglais vient cette imposture,
Et si l'Anglais l'attaque, Agnès la défendra.

RICHARD.

Non, ce n'est point une imposture...
Avec la chaste fille, il est temps d'en finir :
Son amant...

AGNÈS.

Son amant ?

RICHARD.

Ici, cette nuit même,
Gaston de Metz...

AGNÈS.

Gaston !

RICHARD.

Restez! il va venir.

AGNÈS, à part.

Ici, Gaston!.. cette nuit même!...
Dois-je croire?.. Que faire, hélas!

RICHARD, à part.

Victoire!... elle est à moi!.. Dans la lutte suprême,
Isabeau, tu triompheras!

MAITRE-JEAN, sortant des ruines et s'approchant.

De la profonde nuit sort enfin la lumière :
La Vierge, au ciel, chevauche au dos du sagittaire!

AGNÈS.

Mon maître, que dis-tu?

RICHARD.

Mensonges que cela!

MAITRE-JEAN, avec autorité.

Ce qui doit être un jour sera.

AGNÈS.

Parle!

MAITRE-JEAN.

Le ciel est pur! clairons, tambours résonnent;
Au bruit des chants d'amour et des cloches qui son-
                                        [nent,
Prince au manteau d'hermine, à l'autel amené,
Par la vierge guerrière est de lys couronné.

RICHARD.

Tu mens!

3.

AGNÈS.

Non ! Le ciel nous protége...

MAITRE-JEAN.

Le ciel est noir ! Dans une barque en deuil,
Deux bateliers emmènent un cercueil.
Dans le cercueil, sans prêtre ni cortége,
Est une femme sacrilége,
Reine exécrée au delà du tombeau,
Son nom maudit, c'est Isabeau !

RICHARD.

Isabeau !

AGNÈS.

L'arrêt du ciel frappe Isabeau.

(Elle répète avec stupéfaction les paroles de Maitre-Jean.)

Dans une barque en deuil, sans prêtre, ni cortége...

MAITRE-JEAN, appuyant davantage.

Dans une barque en deuil, sans prêtre, ni cortége...

RICHARD.

Tais-toi ! l'astre est menteur...

AGNÈS.

Honte à la sacrilége !

MAITRE-JEAN.

L'arrêt du ciel frappe Isabeau !

(Agnès reste un instant interdite, puis elle emmène Maitre-Jean. Richard regarde Agnès d'un air de triomphe et sort.)

SCÈNE II

JEANNE. Elle sort de sa tente et marche à pas lents,
absorbée dans ses pensées.

JEANNE.

Du roi rien encor de nouveau!
Et pourtant conseillers, prélats et chefs de guerre
Resteront impuissants contre nos ennemis.
Il n'est prince, ni roi, ni secours sur la terre,
Hors moi seule, qui puisse en purger le pays.

AIR.

Quelle pitié, ma pauvre France,
Pour toi, je ressens dans mon cœur!
Ton salut, c'est mon espérance,
Et ta honte, c'est ma douleur.
Tu bois ton sang, France meurtrie,
Mon âme est prête à défaillir...
Et j'entends une voix qui me crie :
Fille, Dieu, va nous secourir!
Pour sauver Orléans, la dernière espérance.
Quand donc ton étendard sera-t-il déployé?
Et du roi rien encor de nouveau!.. Pauvre France!
De toi, c'est grand' pitié!

(Jeanne va vers la tente et tombe affaissée sur le banc. Pendant qu'elle
s'endort, l'orchestre répète en sourdine le chœur des Anges qui va
en diminuant et se perd dans l'éloignement.)

SCÈNE III

JEANNE, endormie; GASTON.

GASTON.

De mon message au roi, nul espoir je n'apporte.
Chefs de guerre et prélats, tous d'un commun accord,
Se liguent contre Jeanne et leur conseil l'emporte...
Mais... la voilà!... Noble fille... elle dort !

AIR.

Elle est pure, elle est chaste et belle...
Tout mon cœur veut aller vers elle.
A l'amour son âme est rebelle ;
Pourtant, je l'aimerai toujours.

Vierge que le ciel prédestine,
Sur son beau front qui s'illumine,
Je vois l'auréole divine
Qui la préserve des amours.

Elle est pure, elle est chaste et belle...
Tout mon cœur veut aller vers elle.
A l'amour son âme est rebelle ;
Pourtant, je l'aimerai toujours.

(Il s'approche de Jeanne et recule épouvanté.)

De vertige mon âme est-elle donc frappée ?
A son côté, debout.... l'archange saint Michel,
Levant sa flamboyante épée,
Vient condamner mon amour criminel.

(Après une pause.)

A souffrir, à lutter ma constance s'épuise...
Il faut qu'enfin je te le dise,
Dût la foudre tomber du ciel :
Je t'aime ! je t'aime ! je t'aime

JEANNE, elle se réveille et se lève saisie d'épouvante.

O ciel ! Gaston !

(Agnès entre sans être vue.)

GASTON, tombant à genoux.

Jeanne, Jeanne, je t'aime !

SCÈNE IV

LES MÊMES, AGNÈS.

AGNÈS, se montrant tout à coup.

Gaston aux pieds de Jeanne !

GASTON, se relevant avec précipitation.

Agnès !

JEANNE.

Agnès !

AGNÈS.

Moi-même !

GASTON.

Ah ! qu'ai-je fait !

JEANNE, à Agnès.

De moi que veux-tu ?

AGNÈS.

Te flétrir.

GASTON.

Infâme, que dis-tu !

(Jeanne, d'un geste impérieux, lui ordonne de sortir. Il s'éloigne
désespéré.)

Je n'ai plus qu'à mourir !

SCÈNE V

JEANNE, AGNÈS.

JEANNE.

Vers moi je sais ce qui t'amène.

AGNÈS,

Ton pouvoir te vient du démon.
Tu ne peux plus m'abuser, non !
Devant moi ta science est vaine.

JEANNE.

C'est grand méfait de m'attaquer.

AGNÈS.

Celle qui vient de Dieu doit être chaste et pure.
Toi, tu viens du démon ; j'ai surpris l'imposture,
Et devant tous, je veux te démasquer.

JEANNE.

Va donc de celle qui te guide
Servir la haine et le dessein perfide.

AGNÈS, vivement.

Tais-toi !

JEANNE.

Moi, j'ai placé mon espérance ailleurs.
Je crains peu vos complots, vos affronts, vos fureurs.

AGNÈS.

Jeanne !

JEANNE.

Écoute !... au dauphin quand je fus présentée,
Servant nos ennemis, une femme éhontée,

Pour gagner son salaire est venue à Chinon.
On l'envoyait me perdre et tu l'as écoutée...
Et sais-tu qui guidait la messagère ?

AGNÈS.

Non !

JEANNE.

Marâtre par l'enfer vomie,
C'est Isabeau, l'implacable ennemie.

AGNÈS.

Cette femme toujours s'acharnant sur son fils !

JEANNE.

Du serpent rien ne t'a signalé la présence ?
Tu n'as pas pressenti le piège ?...

AGNÈS.

Je frémis !

JEANNE.

C'est elle qui t'a dit que je perdais la France ?

AGNÈS.

— Oui.

JEANNE.

Que je mentais au Dauphin ?

AGNÈS.

Oui.

JEANNE.

Que j'étais sorcière ?

AGNÈS.

Oui, c'est elle! c'est elle!

JEANNE.

Poursuis donc ton chemin !
A la tigresse sois fidèle...

AGNÈS.

Grâce !

JEANNE.

Trahis ton pays et ton roi.

AGNÈS.

Grâce ! grâce ! je meurs !

JEANNE.

Ah ! tu ne sais pas, toi,
Combien c'est grand'pitié du royaume de France !
Ton cœur par d'autres soins se laisse assujettir.
O mon pays, c'est pour ta délivrance
Que je suis née et que je veux mourir.

AGNÈS.

Fille miraculeuse, étrange,
Fille de Dieu, pardon !

(Elle tombe aux pieds de Jeanne.)

Tu me parais un ange.

JEANNE.

Viens donc pour secourir et la France et le roi.

AGNÈS.

Partons !

JEANNE.

Partons !

AGNÈS.

Je suis à toi !

(Elles sortent. — Le théâtre change.)

Deuxième tableau.

Le camp sous Blois, au lever du soleil. — Au fond, la Loire et ses coteaux couverts de fleurs et de verdure.

SCÈNE VI

On entend la diane. Soldats couchés par groupes. Plus loin des sentinelles. Richard, le sergent de bande et d'autres soldats entrent successivement et bientôt envahissent la scène.

DEMI-CHŒUR.

Par cette belle matinée,
Que n'endossons-nous le harnois ?

LE SERGENT DE BANDE.

L'armée est-elle condamnée
A camper sous les murs de Blois ?

DEMI-CHŒUR.

Orléans se rend à Bourgogne...

LE SERGENT DE BANDE.

Trahison est l'ordre du jour.

DEMI-CHŒUR.

Où donc est Jeanne ?

RICHARD.

                    Sans vergogne,
Elle nous quitte pour la cour.

DEMI-CHŒUR.

Rendre Orléans, quelle faiblesse !

RICHARD.

Puisque Jeanne, ici, nous délaisse,
Consolons-nous, le verre en main.

CHŒUR.

Ripaille et bombance !
Plus d'obéissance !
Plus de frein !

SCÈNE VII

(On apporte des tables couvertes de brocs et de gobelets. Les soldats
remontent vivement la scène et reviennent prendre place autour des
tables en compagnie de villageoises et de ribaudes qui leur versent
à boire.)

CHŒUR.

(Orgie.)

Amis, faisons ripaille !
Oublions la bataille...
A nous, joyeux refrains,
Maîtresses et bons vins !
A nous, la folle vie,
La bombance et l'orgie,
Les danses et les jeux
Et l'amour des beaux yeux.

Sur les épaules nues
Les coupes répandues,
Les baisers et les cris
Au milieu des débris,
Les toques et les plumes
Et les velours posthumes,
Tout empourprés de vin,
Roulant sur le chemin.

Au cliquetis des verres,
Le choc de nos rapières
Mêle un fracas de fer
A réjouir l'enfer.
Puis autour de la table,
Une ronde du diable,
Ainsi qu'au vrai sabbat,
Tourne, tourne et s'abat.

RICHARD, se levant.

CHANSON DES ARMAGNACS.

I

Sur le dos la besace,
Le bâton à la main,

CHŒUR.

Sur le dos la besace,
Le bâton à la main,

RICHARD.

Ce mendiant qui passe,
C'est Satan, mon cousin.

CHŒUR.

C'est Satan, mon cousin.

RICHARD.

Prends garde, bachelette,
Quand l'Armagnac te guette.
Le diable ouvre son sac ;
Victoire à l'Armagnac !

CHŒUR.

Le diable ouvre son sac ;
Victoire à l'Armagnac !

RICHARD.

II

Armagnacs, en campagne,
Rôdant près des moulins.

CHŒUR.

Armagnacs, en campagne,
Rôdant près des moulins.

RICHARD.

Suivent, sur la montagne,
La danse des lutins.

CHŒUR.

La danse des lutins.

RICHARD.

Gentille est la meunière ;
Elle est hospitalière....
Le diable ouvre son sac ;
Victoire à l'Armagnac !

CHŒUR.

Le diable ouvre son sac ;
Victoire à l'Armagnac !

TRIO DES TRUANDS [1].

LE SORCIER, entouré de soudards qui lui tendent la main.)

Je vous prédis grands mariages,
Beaux coursiers, riches équipages ;

[1] Ce trio a été supprimé à la première représentation.

Grands coups d'estoc je vous prédis,
Et bonne place en paradis.

LE CHARLATAN.

Qu'on me confie une volaille,
Je l'avale, bec et tripaille.
Ma fille, tout cru, mange un rat
Et, pour qu'il passe, avale un chat.

LE ROI DE MAROC, un coq sur la tête.

Laissez, laissez venir la foule...
Venez tous au roi de Maroc !
Voici les dés, faites la poule :
Pour un sou l'on gagne le coq.

LE CHARLATAN.

Pour tous maux j'ai le spécifique :
L'élixir pour les dératés;
Le lait du serpent bleu d'Afrique
Qui remet les bras emportés.

BALLET.

SOLDATS, TRUANDS, RIBAUDES, BOHÉMIENNES.

(Reprise du chœur de l'orgie, avec ronde échevelée, à la fin de laquelle
plusieurs tombent épuisés. Des soldats ivres roulent sous les tables.)

SCÈNE VIII

LES MÊMES, JEANNE.

(À la vue de Jeanne, ceux qui restent encore debout s'arrêtent — Le
tumulte cesse.

JEANNE.

Pour punir nos péchés, Dieu permet nos défaites.
Voilà donc les promesses faites,

Craignez la colère de Dieu !
Du Christ suivant le saint exemple,
D'un commerce effronté je viens purger son temple ;
Femmes folles, arrière ! et sortez de ce lieu ;

(Elle marche sur les ribaudes qui fuient devant elle. Un sergent de
bande, dans un état complet d'ivresse, se dresse devant Jeanne, le
verre en main.)

LE SERGENT DE BANDE.

Jarnidieu ! la pucelle,
Profitons des beaux jours !
Ton regard m'ensorcèle...
Jarnidieu ! la pucelle,
Je bois à nos amours !

JEANNE.

Tu blasphèmes ton Dieu, ta bouche le renie,
Quand la mort est si près de toi.

LE SERGENT, portant la main à son front.

Mon sang ! malheur !... malheur à moi !

(Il tombe comme foudroyé. — Tous reculent effrayés.)

CHŒUR.

O châtiment du ciel ! son audace est punie ;
Dieu frappe le blasphémateur.

JEANNE, à Richard.

Et toi, du désordre l'auteur,
Non, tu n'es pas vrai fils des Gaules.
Bénis le ciel ! d'en sortir à merci,
La tête encor sur les épaules.
Va-t'en, félon, va-t'en d'ici !
Va-t'en de ma présence !

RICHARD.

Eh bien donc ! tu le veux ! c'est la guerre entre nous...
                Jeanne, crains ma vengeance ! (Il sort.)

JEANNE.

Vous, devant Dieu, guerriers, inclinez-vous !

(Les soldats courbent la tête.)

SCÈNE IX

Les mêmes, DAULON, LOYS DE COMTES, portant l'étendard
de Jeanne, LORÉ, GAUCOURT, Prêtres portant des bannières. Enfants de cœur.

JEANNE.

Et maintenant, écoutez la nouvelle !
Le roi l'ordonne, Orléans nous appelle ;
Partons ! délivrons Orléans !

CHŒUR DES GUERRIERS.

Le roi l'ordonne, Orléans nous appelle ;
Partons ! délivrons Orléans !

JEANNE.

Prêtres, marchez en tête et portez ma bannière ;
Sur nous de l'Esprit-Saint appelez la lumière ;
Et la main du Seigneur conduira ses enfants,

(Les prêtres portant des bannières se rapprochent de Jeanne. Les
coteaux, inondés de soleil, se couvrent des habitants de la
ville et des campagnes.)

CHŒUR FINAL.

(Veni creator.)

Viens visiter nos âmes,
Viens, Esprit créateur,
De tes célestes flammes
Viens remplir notre cœur !

Prête à notre faiblesse
L'appui de ton saint nom.
Préserve-nous sans cesse,
Des piéges du démon.

O fontaine de vie,
Saint amour, feu sacré,
A ta source bénie
Mon cœur s'est enivré !

C'est toi qui dès batailles
Viens régler le destin ;
Contre tours et murailles
Prévaut l'Esprit divin.

Gloire et louange au Père !
Gloire au Fils rédempteur !
Et, par toute la terre,
A l'Esprit créateur !

FIN DU TROISIÈME ACTE.

ACTE QUATRIÈME

Premier tableau.

SOUS LES MURS D'ORLÉANS.

Chemin creux, Boulevard démantelé et restes d'une place d'armes
incendiée. — Au fond, rempart praticable, devant lequel sont
amoncelés des pierres et des débris qui en facilitent l'accès. —
Plus loin sont les remparts d'Orléans, le fort des Tournelles, à
l'entrée du pont, et les clochers de la ville, blanchis par les premières lueurs de l'aube.
Une petite troupe d'archers anglais est assise sur les débris d'un
mur écroulé. Ils ont des gourdes à la main et boivent au goulot.
Des sentinelles sont placées à l'abri du rempart.

SCÈNE PREMIÈRE

RICHARD, Archers anglais.

CHŒUR DES ARCHERS.

Vaillants archers d'Angleterre,
Des Français buvons le vin
A la mort de leur sorcière !
Nous serons vainqueur demain.

CHŒUR DES ORLÉANAIS, au dehors.

Chantons la délivrance !
A Jeanne gloire, honneur !

Dieu veut sauver la France :
Chantons gloire au Seigneur !

RICHARD.

Les bourgeois d'Orléans chantent leur délivrance;
Mais, à souhait, je vois tourner la chance :
Jeanne, pour surveiller nos marches de plus près,
Vient de passer la Loire... elle s'avance...
Jeanne prise, Orléans appartient aux Anglais.

ENSEMBLE.

CHŒUR DES ANGLAIS.

Vaillants archers d'Angleterre,
Des Français buvons le vin
A la mort de leur sorcière !
Nous serons vainqueurs demain.

CHŒUR DES ORLÉANAIS.

Chantons la délivrance !
A Jeanne gloire, honneur !
Dieu veut sauver la France :
Chantons gloire au Seigneur !

SCÈNE II

LES MÊMES, GASTON DE METZ, amené prisonnier par des
soldats anglais, puis JEANNE et LES FRANÇAIS.

GASTON, apercevant Richard.

Du traître épargnez-moi l'odieuse présence.

RICHARD.

Je t'ai sauvé du fer de mes soldats,
Et voilà ta reconnaissance !
Travaillez donc pour des ingrats.

GASTON.

Au parjure la honte! à Jeanne la victoire!
Vous n'abreuverez plus vos chevaux dans la Loire,
Fiers Anglais, vos remparts sont pris d'assaut, détruits.
Vos soldats fuient tremblants vers les murs de Paris.

CHŒUR DES ARCHERS, menaçant Gaston.

Ton insolence,
Tu la paîras.

RICHARD, s'interposant.

Il m'appartient; n'y touchez pas !

(On entend au dehors un bruit sourd et cadencé.)

GASTON.

Quel est ce bruit?

RICHARD, aux archers.

Attention !... silence !

GASTON.

Quel piége est préparé ?... Qui vient par le sentier?

RICHARD, aux archers.

Veillez de près sur notre prisonnier.

GASTON, à part.

C'est Jeanne !

RICHARD.

Plus un mot !

GASTON, aux archers.

Traîtres !

JEANNE, en dehors.

Qui va là?

RICHARD, montant sur le rempart.

France!

GASTON.

C'est elle !...

(Il se dégage des mains des archers et s'élance sur le rempart).

Anglais ! Anglais ! Jeanne, n'approchez pas !
Trahison !

(Richard le frappe d'un coup d'épée.)

JEANNE, au dehors.

Trahison !

(Gaston chancelle et vient tomber mort sur la scène.)

CHŒUR, au dehors.

Aux armes ! France ! France !

(Grande rumeur et fracas de trompettes au dehors. Jeanne paraît sur le
rempart entourée de soldats français.)

RICHARD, LES ARCHERS.

C'est fait de nous !... Maudite engeance !

(Ils fuient en désordre.)

SCÈNE III

JEANNE, Soldats français.

JEANNE.

Ah ! Gaston !... mort !

(Levant les bras au ciel.)

Mon Dieu, pardonnez au pécheur
Descends des cieux sur le pécheur,
Descends des cieux, ô divine clémence !,
Pitié pour lui, pardon, pardon Seigneur !
Héros, il est mort pour la France,
Mon Dieu, pardonnez au pécheur,
Il est mort pour la France.

CHŒUR DES ANGES, au dehors.

Jeanne ! Jeanne, sauve la France !
Orléans délivré par toi,
Du sacre le saint jour s'avance ;
A Reims fais couronner ton roi.

JEANNE.

A Reims, archange, guide-moi !
Par la terre de sang trempée,
A fureur de pointe d'épée,
Menons sacrer le roi.

(La scène se couvre de nuages, desquels se dégage le portail de la ca-
thédrale de Reims ; puis, au son des cloches, des trompettes, des
tambours et des orgues, le décor se transforme et représente l'inté-
rieur de la grande nef, avec le maître-autel au fond.)

———

Deuxième Tableau.

Marche solennelle et cortége.
Le roi, à son entrée, est armé chevalier.
Cérémonies du sacré.

SCÈNE IV

CHŒUR DE JEUNES FILLES.

CANTIQUE DE SALOMON.

Quelle est cette haleine embaumée
Qui s'élève au sein du désert?
De la myrrhe est-ce la fumée?
De la harpe est-ce le concert?
De nos vierges c'est la plus belle;
C'est la gloire de nos cités.
Tout bonheur nous advient par elle;
Un ange marche à ses côtés.

(A la fin du chœur, les évêques s'approchent du roi et lui présentent,
ouverts, les saints Évangiles.)

LE ROI, étendant la main.

A la face de Dieu, du peuple et de l'Église,
Près d'être ordonné roi, je viens prêter serment:
Conserver à chacun privilége et franchise;
Empêcher, en tous lieux, rapine et convoitise;
Punir ou pardonner, quand le devoir commande;
Maintenir notre France intacte et sans souillure;
Garder la foi chrétienne exempte d'imposture;

Faire observer justice et foi du jugement ;
Afin que nous le rende un Dieu juste et clément.

*(Charles VII met un genou en terre, et l'archevêque pose la couronne
sur sa tête.)*

CHŒUR.

Noël ! Noël ! jour d'allégresse !
De nos cœurs déborde l'ivresse.
Sonnez clairons ! battez , tambours !
Carillons, ébranlez les tours !

*(Pendant le chœur précédent, le roi, assis dans un fauteuil, est enlevé
bras et présenté au peuple.)*

JEANNE, s'approchant du roi et s'inclinant.

Une grâce, ô mon roi, Jeanne vous en supplie !
    Orléans délivré,
    Et dans Reims Charles sept sacré,
        Ma tâche est accomplie.
Du Seigneur, à présent, est fait le bon plaisir ;
Rendez-moi mon village et me laissez partir.

LE ROI.

Je te dois tout : la couronne et la vie...
Dieu t'envoya vers nous, Jeanne, et tu veux nous
                                            [fuir !...

JEANNE.

Je n'entends plus mes voix... stérile est ma prière...
                                    (Elle écoute.)

Rien ! rien !... je n'entends que ma mère
Qui m'appelle et me tend les bras.

LE ROI.

L'ennemi foule encor le sol de notre France,
Ange sauveur, notre espérance,
Non, non, tu ne partiras pas !

Jeanne est très-émue, des femmes, des enfants viennent s'agenouiller
devant elle.)

CHŒUR.

Poursuis l'œuvre de délivrance !
O toi, notre seule espérance,
Ange sauveur, ne nous délaisse pas !

JEANNE, faisant un violent effort sur elle-même.

Que ta volonté s'accomplisse,
Mon Dieu, dispose de mon sort !

(Le fond du théâtre s'ouvre et laisse voir, pour Jeanne seule, une
partie de la place de Rouen, avec le bûcher en flammes, les Anglais,
les bourreaux et le soldat qui tend à Jeanne une croix faite de deux
morceaux de bois.)

JEANNE.

L'affreux bûcher !... la mort !

LE ROI et LE CHŒUR, sans comprendre ses paroles.

Marche avec nous, vierge libératrice !

JEANNE.

Eh bien ! j'accepte le calice !
Vous tous que j'aime, adieu !
Que de mon sang versé sorte la délivrance !
Ma vie est à la France
Et mon âme est à Dieu.

LE ROI et LE CHŒUR.

Jeanne, sauve la France !
Hosannah ! gloire à Dieu !

FIN DU QUATRIÈME ET DERNIER ACTE.

Clichy. — Impr. PAUL DUPONT, rue du Bac-d'Asnières, 12. (519, 4-6.)

EN VENTE CHEZ LE MÊME ÉDITEUR

PIÈCES DE THÉATRE, FORMAT GRAND IN-18 ANGLAIS

CLICHY. — Imp. Paul DUPONT, rue du Bac-d'Asnières, 12 (103, 1-6.)